Konstantin Drescher

Römer
Kochbuch

Kochen wie im Römischen Reich

Alle Ratschläge in diesem Buch wurden vom Autor und vom Verlag sorgfältig erwogen und geprüft. Eine Garantie kann dennoch nicht übernommen werden. Eine Haftung des Autors beziehungsweise des Verlags für jegliche Personen-, Sach- und Vermögensschäden ist daher ausgeschlossen.

Email: info@edition-lunerion.de
www.edition-lunerion.de

Psiana eCom UG
Berumer Str. 44
26844 Jemgum

Vorwort

Das Leben der alten Römer hat Sie schon im Geschichts- und Lateinunterricht fasziniert? Da ging es aber meistens um Kriege, Politik und Philosophie? Und jetzt fragen Sie sich, wie eigentlich der Speisealltag ausgesehen hat? Dann lernen Sie jetzt die Schlemmer-Seite des Römerlebens kennen und dieses historische Kochbuch zeigt Ihnen, wie!

Tempel, Tuniken, ein Weltreich und großartige Baukunst: Die alten Römer legten in vielerlei Hinsicht den Grundstein für die Zivilisation unserer Gegenwart und das gilt auch für die Speisekultur. Verschiedene Zubereitungstechniken, geregelte Mahlzeiten, komplexe Gerichte, eigene Speisezimmer – solche Errungenschaften haben wir dem römischen Sinn für Genuss zu verdanken und mit diesem Buch tauchen Sie in die antike Geschmackswelt des großen Rom ein. Vom Frühstück über das Mittagessen bis hin zum typisch reichhaltigen Abendessen entdecken Sie hier jede Menge original-historische Köstlichkeiten, mit denen Sie sich die Zeiten der Caesaren & Konsuln auf der Zunge zergehen lassen können. Auch Snacks, Brote, Süßspeisen, Getränke, Saucen & Co. präsentieren Ihnen den Genussalltag der Römer in all seinen Facetten und bei der großen Auswahl kommen Fleischfans, Fischfreunde, Veggies, Naschkatzen und Entdecker gleichermaßen auf ihre Kosten.

Guten Appetit!

INHALT

Einkaufliste

Passum (Rosinenwein), selbst hergestellt oder gekauft: Der Wein wird in einigen Rezepten zum Kochen verwendet. Wird jedoch auch zu vielen Gerichten als Getränk gereicht.

Marsala (Wein): Auch der Marsala war ein häufig gereichter Wein im antiken Rom.

Liquamen (römische Fischsoße): Die Zubereitung dieser Soße ist sehr aufwendig und erfordert viel Zeit. Wer sie nicht selbst zubereiten möchte, sollte im Supermarkt nach Liquamen Ausschau halten. Alternativ kann eine asiatische Fischsoße genutzt werden.

Maispulver: Das Pulver wurde im alten Rom zum Binden von Suppen, Soßen und anderen Gerichten verwendet. Sie sollten es im Discounter oder Supermarkt bei der Speisestärke finden.

Für die folgenden Rezepte werden Sie außerdem folgende Zutaten brauchen, die nicht schwer zu finden sind:

- **Weißweinessig**
- **Olivenöl**
- **Honig**
- **Anislikör**
- **Mehl**
- **Dinkelmehl**
- **Eier**
- **Gemüse:** Zucchini, Artischocken, Zwiebeln, Knoblauch, Bohnen
- **Obst:** Birnen, Zwetschgen, Pflaumen, Kirschen, Datteln, Trauben
- **Fleisch:** Hähnchenfleisch, Schweinefleisch, Hackfleisch
- **Lachsfilet**
- **Käse, Fetakäse**
- **Leber**

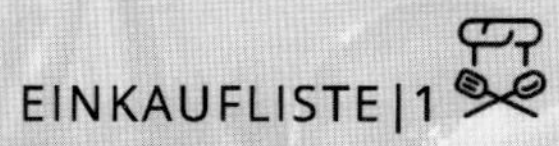

Ientaculum

Frühstück

MORETUM |

KRÄUTERKÄSE

2 Port. 10 Min. Leicht

Zutaten

200 g Schafskäse
3 Zehen Knoblauch
eine Handvoll Korianderblätter
eine Handvoll Petersilienblätter
3 Zweige Thymian
2 EL Olivenöl
1 EL Weißweinessig
5 schwarze Pfefferkörner
Salz

Nährwerte p. P.

274 kcal
2 g Kohlenhydrate
18 g Fett
16 g Eiweiß

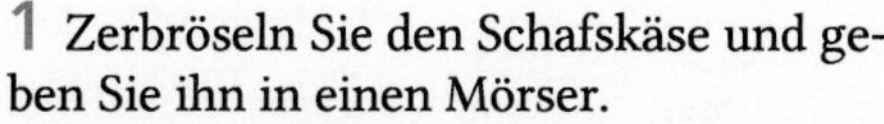

1 Zerbröseln Sie den Schafskäse und geben Sie ihn in einen Mörser.

2 Waschen und trocknen Sie die Kräuter. Schälen Sie den Knoblauch.

3 Hacken Sie Kräuter und Knoblauch anschließend in feine Stücke.

4 Geben Sie jetzt alle Zutaten, bis auf das Salz, in den Mörser und mörsern Sie alles klein. Dabei sollte eine feste Masse entstehen.

5 Schmecken Sie den Kräuterkäse mit dem Salz ab.

Tipp: Wer es nicht besonders salzig mag, sollte mit dem Würzen sparsam sein, da der Schafskäse bereits viel Salz enthält.

FLATBREAD |

FLADENBROT

6 kleine Fladenbrote

1 Std.

Leicht

Zutaten

350 g Vollkornmehl Type 1800
50 g Hartweizengrieß
50 g Dinkelmehl
90 g Weizenmehl Type 405
1 Pk. Trockenhefe
3 EL Olivenöl
1 TL Salz
1 TL Honig
300 ml Wasser, lauwarm
1 Eigelb, verquirlt

Nährwerte p. P.

400 kcal
64 g Kohlenhydrate
9 g Fett
12 g Eiweiß

1 Heizen Sie den Backofen auf 50 Grad Ober-/Unterhitze vor.

2 Vermengen Sie alle Zutaten, bis auf das Eigelb, so lange miteinander, bis ein fester Teig entsteht.

3 Formen Sie daraus eine Kugel und geben Sie sie in eine feuerfeste Form. Lassen Sie den Teig darin für etwa 20 Minuten im Backofen ruhen.

4 Nehmen Sie den Teig nach dieser Zeit aus dem Ofen und formen Sie daraus 6 runde, relativ flache Fladenbrote. Geben Sie diese auf ein mit Backpapier ausgelegtes Backblech.

5 Lassen Sie die Brote für weitere 20 Minuten im Backofen ruhen.

6 Bestreichen Sie die Brote nach dieser Zeit mit dem verquirlten Eigelb.

7 Erhöhen Sie die Temperatur des Ofens jetzt auf 190 Grad.

8 Backen Sie die Brote darin für 20 Minuten.

9 Lassen Sie sie auf einem Kuchengitter abkühlen.

PLUM MUSH |

PFLAUMENMUS

Ca. 4 Einmachgläser | 4 ½ Std. | Leicht

Zutaten

3 kg Zwetschgen
1 kg Zucker
1 Prise Zimt
2 Gewürznelken
1 EL Zitronensaft
1 EL Weinbrandessig

Nährwerte p. P.

863 kcal
98 g Kohlenhydrate
3 g Fett
1 g Eiweiß

1 Waschen und entsteinen Sie die Zwetschgen. Pürieren Sie sie in einem Mixer.

2 Heizen Sie den Backofen auf 200 Grad Ober-/Unterhitze vor.

3 Vermengen Sie das Zwetschgenpüree mit den übrigen Zutaten in einem gewässerten Römertopf.

4 Geben Sie das Püree für 4 Stunden in den vorgeheizten Backofen. Rühren Sie es währenddessen gelegentlich um.

5 Füllen Sie das fertige Mus noch heiß in Einmachgläser.

6 Schrauben Sie sie zügig zu und stellen Sie sie auf den Kopf. Lassen Sie sie in diesem Zustand abkühlen. Dadurch entsteht das Vakuum, wodurch das Mus haltbar gemacht wird.

Tipp: Das Mus wurde traditionell zum Frühstück serviert. Es passt zu anderen Früchten, Süßspeisen oder Brot.

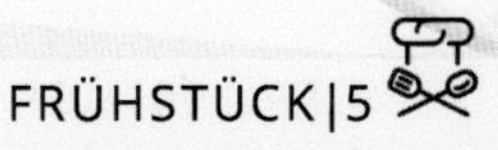

PROPAGATIO |

BROTAUFSTRICH

6 Port.

5 Min.

Leicht

Zutaten

200 g Frischkäse
200 g Schafskäse
1 EL Olivenöl
1 Bund frische Kräuter, gemischt
2 Frühlingszwiebeln, in Ringe geschnitten

Nach Belieben:
Pfeffer, Salz, Koriander

Nährwerte p. P.

1.299 kcal
2 g Kohlenhydrate
27 g Fett
13 g Eiweiß

1 Schneiden Sie den Schafskäse klein.

2 Vermengen Sie alle angegebenen Zutaten zu einer festen Masse.

3 Schmecken Sie den Aufstrich kräftig mit Pfeffer, Salz und Koriander ab.

4 Lassen Sie ihn vor dem Servieren mindestens 2 Stunden im Kühlschrank ruhen.

DIRIPIENDA OVA |

SÜßES RÜHREI

2 Port.

10 Min.

Leicht

Zutaten

4 Eier
250 ml Milch
2 EL Olivenöl

Nach Belieben:
Pfeffer und Honig

Nährwerte p. P.

121 kcal
4 g Kohlenhydrate
9 g Fett
7 g Eiweiß

1 Schlagen Sie die Eier auf und verquirlen Sie sie.

2 Vermengen Sie die Eier mit der Milch.

3 Erhitzen Sie das Olivenöl in einer Pfanne.

4 Dünsten Sie die Eimischung darin für etwa 5 Minuten bei mittlerer Wärmezufuhr an. Rühren Sie sie dabei immerzu um.

5 Servieren Sie das Rührei auf Tellern und reichen Sie dazu Pfeffer und Honig.

Tipp: Dieses süße Rührei wurde traditionell mit Obst, Nüssen und einer Scheibe Brot gereicht.

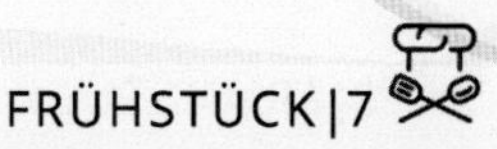

GRIEßKUGELN

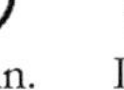

Ca. 20 Kugeln | 30 Min. | Leicht

Zutaten

300 g Grieß
250 g Quark

Zum Anbraten:
Olivenöl

Zum Garnieren:
Olivenöl, Honig, Mohn oder Sesam

Nährwerte p. P.

430 kcal
30 g Kohlenhydrate
6 g Fett
2 g Eiweiß

1 Vermengen Sie Grieß und Quark miteinander.

2 Formen Sie aus dem Teig ca. 20 Kugeln.

3 Erhitzen Sie ausreichend Olivenöl.

4 Braten Sie die Kugeln darin bei mittlerer Wärmezufuhr nach und nach für etwa 5 Minuten an.

5 Wenden Sie sie regelmäßig, damit sie gleichmäßig bräunen.

6 Garnieren Sie die Globi nach Belieben mit Olivenöl, Honig, Mohn und Sesam.

Tipp: Dazu schmecken sowohl andere süße Speisen als auch ein herzhaftes Brot.

CERASUS PITA |

KIRSCHFLADEN

4 Fladen

30 Min.

Leicht

Zutaten

4 eingeweichte Brötchen, ausgedrückt
3 EL Mehl
120 ml Milch
2 Eier
250 g Kirschen, entsteint
3 EL Olivenöl

Nach Belieben:
Honig und Zimt

Nährwerte p. P.

640 kcal
55 g Kohlenhydrate
8 g Fett
4 g Eiweiß

1 Formen Sie aus den ausgedrückten Brötchen, Mehl, Milch und Eiern einen Teig.

2 Heben Sie die entsteinten Kirschen sorgfältig unter.

3 Erhitzen Sie das Olivenöl in einer mittelgroßen Pfanne.

4 Braten Sie den Teig darin zu Fladen. Je nach Größe sollte er für etwa 4 Stück reichen.

5 Halten Sie die Wärmezufuhr gering, damit die Fladen vollständig durchgaren.

6 Garnieren Sie die fertigen Fladen nach Belieben mit Honig und Zimt.

Merenda et Panis

Zwischenmahlzeiten & Brote

OVA ELIXIA |

GEFÜLLTE EIER

2 Port.

12 Min.

Leicht

Zutaten

2 Eier
6 schwarze Pfefferkörner
1 TL Koriandersamen
1 TL Honig
1 TL Weinessig
1 TL Olivenöl
2 TL Liquamen (Fischsoße)
4 Blätter Koriander

Nährwerte p. P.

86 kcal
4 g Kohlenhydrate
5 g Fett
5 g Eiweiß

1 Kochen Sie die Eier in sprudelnd kochendem Wasser für 10 Minuten hart.

2 Zerstoßen Sie in der Zwischenzeit den Pfeffer in einem Mörser zu Pulver. Legen Sie davon eine kleine Prise beiseite.

3 Schrecken Sie die Eier nach dem Kochen ab und schälen Sie sie. Halbieren Sie sie der Länge nach.

4 Nehmen Sie das Eigelb vorsichtig mit einem Löffel heraus und geben Sie es in den Mörser.

5 Geben Sie Koriandersamen, Honig, Weinessig, Olivenöl und Fischsoße hinzu.

6 Verrühren Sie die Zutaten im Mörser zu einer festen Masse.

7 Füllen Sie die Masse wieder in das ausgehöhlte Eiweiß.

8 Bestreuen Sie die Eier mit dem zur Seite gestellten Pfeffer.

9 Garnieren Sie sie mit den Korianderblättern.

GUSTUM DE CUCURBITAS |

HÄHNCHEN MIT LEBER

4 Port. 45 Min. Leicht

Zutaten

800 g Zwiebeln
250 ml Weißwein
4 EL Liquamen (römische Fischsoße)
1 EL Distelöl
400 g Hähnchenflügel
2 EL Öl

Für die Leber:
200 g Leber
4 EL Marsala (Wein)
3 EL Weißwein
2 EL Liquamen (römische Fischsoße)
1 EL Distelöl
1 EL Maispulver

Nährwerte p. P.

416 kcal
27 g Kohlenhydrate
19 g Fett
31 g Eiweiß

1 Schälen Sie die Zwiebeln und kochen Sie sie am Stück in Weißwein, Liquamen und Distelöl für 20 Minuten gar.

2 Erhitzen Sie das Öl in einer Pfanne und braten Sie die Hähnchenflügel darin für mindestens 8 Minuten an. Nehmen Sie die Flügel heraus und halten Sie sie warm.

3 Schneiden Sie die Leber in mundgerechte Stücke und braten Sie sie in derselben Pfanne ebenfalls für 5 Minuten kräftig an.

4 Löschen Sie die Leber mit Marsala, Weißwein, Liquamen, Distelöl und Maispulver ab.

5 Kochen Sie die Mischung für 10 Minuten bei geringer Wärmezufuhr.

6 Zerkleinern Sie die gekochten Zwiebeln jetzt grob und rühren Sie sie unter die Lebermischung.

7 Servieren Sie die Hähnchenflügel zu der Leber.

PATINA DE PIRIS |

BIRNENDESSERTS MIT EI

2 Port.

25 Min.

Leicht

Zutaten

250 g Birne
½ TL Kreuzkümmelsamen
½ EL Honig
40 ml Passum (Rosinenwein)
1 TL Liquamen (römische Fischsoße)
1 TL Olivenöl
1 Ei
1 Prise Pfeffer, frisch gemahlen

Nährwerte p. P.

136 kcal
16 g Kohlenhydrate
4 g Fett
3 g Eiweiß

1 Heizen Sie den Backofen auf 180 Grad Ober-/Unterhitze vor.

2 Schälen und entkernen Sie in der Zwischenzeit die Birne. Schneiden Sie das Fruchtfleisch in mundgerechte Stücke.

3 Zerstoßen Sie die Kreuzkümmelsamen im Mörser zu feinem Pulver.

4 Geben Sie Birne, Kreuzkümmelpulver, Honig, Passum, Liquamen und Olivenöl in einen kleinen Topf.

5 Köcheln Sie die Mischung bei mittlerer Wärmezufuhr für 5 Minuten.

6 Zerdrücken Sie die Birnenmischung etwas mit einer Gabel.

7 Füllen Sie sie nun in eine kleine Auflaufform.

8 Verquirlen Sie das Ei, würzen Sie es mit Pfeffer und geben Sie es über die Birne.

9 Backen Sie das Dessert für 10 Minuten im Backofen.

Tipp: Das Dessert sollte lauwarm serviert werden.

SEMOLINA TALER |

GRIEẞTALER

4 Port. 1 ½ Std. Leicht

Zutaten

250 ml Milch
250 ml Wasser
1 TL Salz
20 g Butter
150 g Polenta (Maisgrieß)
80 g Hartkäse, gerieben
2 Eigelbe
1 TL Olivenöl

Nährwerte p. P.

406 kcal
203 g Kohlenhydrate
18 g Fett
7 g Eiweiß

1 Vermengen Sie Milch, Wasser, Salz und Butter in einem kleinen Topf.

2 Bringen Sie die Mischung zum Kochen und lassen Sie unter ständigem Rühren den Maisgrieß hineinrieseln.

3 Rühren Sie die Mischung 20 Minuten lang kräftig durch, bis sie sich vom Topfboden löst.

4 Geben Sie jetzt Hartkäse und Eier hinzu und heben Sie alles kurz unter.

5 Geben Sie den Teig auf ein Backblech oder ein großes Brett. Er sollte etwa 1,5 cm hoch sein.

6 Stellen Sie ihn kalt und lassen Sie ihn mindestens 1 Stunde ruhen.

7 Heizen Sie den Backofen auf 220 Grad Ober-/Unterhitze vor.

8 Stechen Sie jetzt mit einer runden Plätzchenform oder einem Ausstecher Taler aus dem Teig.

9 Fetten Sie eine Auflaufform mit dem Öl ein und geben Sie die Taler hinein.

10 Backen Sie die Taler für 10 Minuten goldbraun.

PANIS MILITARIS |

LEGIONÄRSBROT

1 Bror

1 Std.

Leicht

Zutaten

500 g Weizenmehl
500 g Roggenmehl
1 EL Honig
1 bis 2 EL Salz
2 Würfel Hefe
100 ml Wasser, warm

Nährwerte p. P.

209 kcal
43 g Kohlenhydrate
1 g Fett
6 g Eiweiß

1 Vermengen Sie das Mehl miteinander.

2 Lösen Sie die Hefe in Honig, Salz und Wasser auf und lassen Sie sie darin für 15 Minuten ruhen.

3 Kneten Sie die Hefemischung unter das Mehl und lassen Sie den Teig 15 Minuten bei Zimmertemperatur ruhen.

4 Formen Sie daraus einen Laib Brot und lassen Sie es noch einmal 15 Minuten lang ruhen.

5 Heizen Sie in der Zwischenzeit den Backofen auf 230 Grad Ober-/Unterhitze vor.

6 Backen Sie das Brot 10 Minuten lang im Backofen.

7 Schalten Sie den Backofen nach dieser Zeit aus, lassen Sie das Brot darin jedoch weitere 10 Minuten nachbräunen.

Tipp: Das Brot galt im alten Rom als besonders günstiges Nahrungsmittel und wurde mit Butter oder Honig serviert.

LATUS PANIS |

BEILAGENBROT

4 kleine Brote

1 ½ Std.

Leicht

Zutaten

350 g Weizenmehl
150 g Dinkelmehl
50 ml Wasser, warm
10 g Hefe
15 g Salz

Nährwerte p. P.

444 kcal
92 g Kohlenhydrate
2 g Fett
14 g Eiweiß

1 Vermengen Sie das Mehl miteinander.

2 Lösen Sie die Hefe und das Salz in Wasser auf. Lassen Sie diese Mischung 10 Minuten lang ziehen.

3 Rühren Sie die Hefemischung jetzt unter das Mehl und kneten Sie daraus einen Teig.

4 Lassen Sie den Teig 15 Minuten an einem warmen Ort ruhen.

5 Formen Sie aus dem Teig vier Brotlaibe.

6 Lassen Sie diese zugedeckt weitere 30 Minuten ruhen.

7 Heizen Sie in der Zwischenzeit den Backofen auf 220 Grad Ober-/Unterhitze vor.

8 Backen Sie die Brote 30 Minuten im Backofen und lassen Sie sie anschließend auf einem Kuchengitter abkühlen.

Tipp: Diese Beilagenbrote können nicht nur als Beilage, sondern auch in eine Suppe oder einen Eintopf gegeben werden.

UNA DULCIA |
SÜẞES BROT

1 Brot

30 Min.

Leicht

Zutaten

100 g helles Mehl
400 ml Milch
1 EL Butter, weich
4 EL Honig
1 Prise Pfeffer

Nährwerte p. P.

77 kcal
12 g Kohlenhydrate
2 g Fett
3 g Eiweiß

1 Vermengen Sie Mehl und Milch miteinander und erhitzen Sie die Mischung langsam in einem kleinen Topf.

2 Rühren Sie die Milch so lange um, bis ein Brei entsteht. Nehmen Sie sie anschließend vom Herd.

3 Verteilen Sie diesen Brei etwa 1 cm dick auf einem mit Backpapier ausgelegten Backblech.

4 Lassen Sie den Teig darauf erkalten.

5 Schneiden Sie daraus Vierecke.

6 Erhitzen Sie die Butter in einer Pfanne und braten Sie die Brote darin kurz von jeder Seite an. Sie sollten etwas Farbe erhalten und dabei knusprig werden. Eine Minute pro Seite sollte jedoch genügen.

7 Bestreichen Sie die Brote mit Honig und bestreuen Sie sie nach Belieben mit Pfeffer.

Prandium

Mittagessen

GEMÜSETOPF MIT HÜLSENFRÜCHTEN (VEGETARISCH)

4 Port.

25 Min.

Leicht

Zutaten

100 g getrocknete Kichererbsen
100 g Erbsen
100 g Linsen
500 ml Wasser
200 g Gerstengrieß
1 Stange Lauch
1 Fenchelknolle
1 Kohlrabi
3 Stangen Koriander
1 Stange Dill
1 TL Fenchelsamen
1 TL Oregano
1 TL Liebstöckel
1 EL Liquamen
1 EL Olivenöl

Nährwerte p. P.

380 kcal
48 g Kohlenhydrate
12 g Fett
8 g Eiweiß

1 Weichen Sie Kichererbsen, Erbsen und Linsen für 15 Minuten in dem Wasser ein.

2 Geben Sie den Gerstengrieß hinzu und kochen Sie die Mischung für 5 Minuten bei geringer Wärmezufuhr.

3 Schälen Sie in der Zwischenzeit Lauch, Fenchel und Kohlrabi. Schneiden Sie das Gemüse in kleine Stücke.

4 Geben Sie das Gemüse in die Linsenmischung und füllen Sie sie gegebenenfalls mit Wasser auf.

5 Lassen Sie alles noch einmal für 5 Minuten bei geringer Wärmezufuhr garen.

6 Zerkleinern Sie Koriander, Dill, Fenchelsamen, Oregano, Liebstöckel, Liquamen und Olivenöl in einem Mörser.

7 Rühren Sie die Gewürzmischung unter den Linseneintopf.

FABA SEM |

BOHNENSALAT (VEGETARISCH)

4 Port. 15 Min. Leicht

Zutaten

250 g Bohnen
500 ml Wasser
1 Prise Salz
2 EL Essig
½ EL Liquamen
½ EL Bohnenkraut
½ TL Kreuzkümmel
1 Prise Pfeffer
2 EL Olivenöl

Nach Belieben:
Honig, Koriander, Minze

Nährwerte p. P.

180 kcal
28 g Kohlenhydrate
2 g Fett
1 g Eiweiß

1 Waschen Sie die Bohnen und schneiden Sie die Enden ab.

2 Bringen Sie das Wasser mit dem Salz zum Kochen.

3 Kochen Sie die Bohnen darin für 8 bis 10 Minuten bissfest.

4 Schrecken Sie sie anschließend mit kaltem Wasser ab.

5 Rühren Sie aus den übrigen Zutaten eine Soße an und schmecken Sie sie nach Belieben mit Honig, Koriander und Minze ab.

6 Rühren Sie die Bohnen unter die Soße.

7 Lassen Sie den Salat vor dem Servieren 30 Minuten ziehen.

RISOTTO |

DINKEL-RISOTTO (VEGETARISCH)

4 Port.

40 Min.

Leicht

Zutaten

200 g Dinkelkörner
500 ml Wasser, kalt
1 Zwiebel
1 EL Butter
500 ml Gemüsebrühe
1 EL Liquamen
1 TL Honig
1 Prise Pfeffer
200 g Zucchini
2 Stangen Frühlingszwiebeln
1 EL Olivenöl

Nährwerte p. P.

428 kcal
76 g Kohlenhydrate
7 g Fett
13 g Eiweiß

1 Weichen Sie die Dinkelkörner für 2 Stunden in dem Wasser ein.

2 Schälen Sie die Zwiebel und würfeln Sie sie in kleine Stücke.

3 Erhitzen Sie die Butter in einer Pfanne.

4 Dünsten Sie die Zwiebelwürfel darin für 2 Minuten an.

5 Gießen Sie in der Zwischenzeit die Dinkelkörner ab und drücken Sie sie vorsichtig aus.

6 Geben Sie die Körner in die Pfanne und rösten Sie sie kurz mit an.

7 Löschen Sie die Mischung mit der Gemüsebrühe ab.

8 Lassen Sie die Mischung bei geringer Wärmezufuhr 25 Minuten quellen.

9 Waschen Sie in der Zwischenzeit die Zucchini und Frühlingszwiebeln.

10 Schneiden Sie die Zucchini in kleine Würfel und die Frühlingszwiebeln in dünne Ringe.

11 Geben Sie Liquamen, Honig, Pfeffer, Zucchini, Frühlingszwiebeln und Olivenöl unter das Risotto.

BOTELLI |

RÖMISCHE WÜRSTCHEN

Ca. 20 Würstchen | 2 ½ Std. | Mittel

Zutaten

1 kg Hackfleisch, gemischt
2 Stangen Porree
200 g Rucola
100 g Pinienkerne
4 EL Liquamen
2 TL Pfeffer

Für das Wasser:
3 EL Olivenöl
3 EL Liquamen
2 Liter Wasser

Außerdem:
gereinigte Därme oder künstliche Alternative

Nährwerte p. P.

597 kcal
1 g Kohlenhydrate
7 g Fett
19 g Eiweiß

1 Waschen und schneiden Sie den Porree in grobe Stücke. Waschen Sie den Rucola.

2 Geben Sie Hackfleisch, Porree, Rucola, Pinienkerne, Liquamen und Pfeffer in einen Mixer und pürieren Sie die Masse nach Belieben fein.

3 Befüllen Sie die Därme mit der Füllung und binden Sie sie ab.

4 Lassen Sie sie für mindestens 2 Stunden im Kühlschrank ruhen.

5 Bringen Sie Olivenöl, Liquamen und Wasser zum Kochen.

6 Köcheln Sie die Würstchen darin bei geringer Wärmezufuhr für etwa 20 bis 25 Minuten.

Tipp: Im alten Rom wurde die Hackfleischmasse natürlich mit einem Mörser und nicht mit einem Mixer verarbeitet.

CONDITUS CACTUS |

SCHARFE ARTISCHOCKEN (VEGETARISCH)

4 Port.

30 Min.

Leicht

Zutaten

4 Artischocken
1 Zitrone
1 Bund Zitronenmelisse
1 Bund Petersilie
1 Schalotte
4 Zehen Knoblauch
1 Prise Salz
1 Prise Pfeffer
400 ml Weißwein
4 EL Olivenöl

Nährwerte p. P.

245 kcal
11 g Kohlenhydrate
11 g Fett
8 g Eiweiß

1 Heizen Sie den Backofen auf 180 Grad Umluft vor.

2 Waschen Sie die Artischocken und entfernen Sie die äußeren Blätter. Nehmen Sie außerdem das Innenleben und den Stiel ab.

3 Halbieren Sie die Zitrone und reiben Sie die Artischocken damit ein.

4 Setzen Sie die Artischocken in eine kleine Auflaufform.

5 Schälen Sie Schalotte und Knoblauchzehen.

6 Vermengen Sie Zitronenmelisse, Petersilie, Schalotte, Knoblauch, Salz und Pfeffer im Mörser. Zerkleinern Sie die Mischung und geben Sie Weißwein und Olivenöl hinzu.

7 Vermengen Sie die Zutaten miteinander.

8 Übergießen Sie die Artischocken mit der Öl-Mischung und backen Sie sie für 1 Stunde im vorgeheizten Backofen.

Tipp: Die Artischocken sollten nach der Garzeit weich sein.

PISONIS VITELLII |

VITELLIANISCHE ERBSEN (VEGETARISCH)

4 Port. 20 Min. Leicht

Zutaten

300 g Erbsen
500 ml Wasser
¼ TL Pfeffer
¼ TL Liebstöckel
¼ TL Ingwer
1 EL Honig
2 EL Liquamen
2 EL Weißwein
1 EL Essig
1 EL Olivenöl
2 Eier, hart gekocht

Nährwerte p. P.

340 kcal
9 g Kohlenhydrate
23 g Fett
15 g Eiweiß

1 Bringen Sie die Erbsen in dem Wasser zum Kochen und lassen Sie sie darin für 2 Minuten kochen.

2 Gießen Sie sie in einem Sieb ab und lassen Sie die Erbsen abkühlen.

3 Zerkleinern Sie in der Zwischenzeit Pfeffer, Liebstöckel und Ingwer gemeinsam im Mörser.

4 Geben Sie Honig, Liquamen, Weißwein, Essig und Olivenöl hinzu und vermengen Sie alles miteinander.

5 Vermengen Sie die Mischung mit den abgekühlten Erbsen und zerdrücken Sie sie leicht, bis ein fester Brei entsteht.

6 Nehmen Sie das Eigelb aus den gekochten Eiern heraus.

7 Heben Sie das Eigelb unter die Erbsenmasse.

Tipp: Dieser Erbsenstampf kann kalt, aber auch aufgewärmt serviert werden. Im Römischen Reich wurde er als Beilage oder zum Mittagessen serviert.

Cena

Abendessen

ASSATURAM |

GRILLFLEISCH

 3 Port.

 2 Std.

 Leicht

Zutaten

800 g Schweinebraten
1 TL Salz
4 EL Wasser
2 EL Honig

Nährwerte p. P.

440 kcal
2 g Kohlenhydrate
24 g Fett
52 g Eiweiß

1 Lösen Sie das Salz in dem Wasser auf und bestreichen Sie das Schweinefleisch damit.

2 Wässern Sie einen Römertopf, geben Sie das Fleisch hinein und garen Sie es im nicht vorgeheizten Backofen bei 200 Grad Umluft für 2 Stunden.

3 Kratzen Sie anschließend die entstandene Salzkruste ab und bestreichen Sie das Fleisch mit dem Honig.

4 Lassen Sie es 10 Minuten lang ruhen, bevor Sie es anschneiden.

ALITER ASSATURAS | GESCHMORTES RINDFLEISCH

 3 Port.

 2 Std.

 Leicht

Zutaten

Für das Fleisch:
800 g Rindfleisch
2 Markknochen
1 Möhre
1 Stange Lauch
1 Lorbeerblatt
1 Knollensellerie
1 Zwiebel
2 Liter Wasser
1 EL Salz

Für die Soße:
4 Myrtenbeeren
4 EL Olivenöl
3 EL Liquamen
1 EL Marsala (Wein)
½ EL Honig
1 TL Salz
1 TL Kümmel, gemahlen
400 ml Fleischbrühe (entsteht beim Garen des Fleisches)

Außerdem:
2 EL Öl
Salz, Pfeffer

Nährwerte p. P.

570 kcal
65 g Kohlenhydrate
20 g Fett
14 g Eiweiß

1 Waschen Sie das gesamte Gemüse und zerkleinern Sie es grob.

2 Geben Sie es gemeinsam mit dem Fleisch, Knochen, Lorbeerblatt und dem Salz in das kalte Wasser.

3 Lassen Sie alles für 2 Stunden bei mittlerer Wärmezufuhr köcheln.

4 Nehmen Sie das Fleisch aus der Brühe und trocknen Sie es mit Küchenpapier ab.

5 Erhitzen Sie das Öl in einer Pfanne und braten Sie das Fleisch darin für jeweils 2 Minuten von jeder Seite kräftig an.

6 Bereiten Sie jetzt die Soße zu. Zerkleinern Sie alle angegebenen Zutaten, bis auf die Fleischbrühe, im Mörser.

7 Messen Sie 400 ml der Fleischbrühe ab, füllen Sie sie gegebenenfalls mit Wasser auf und rühren Sie alle zerkleinerten Zutaten unter.

8 Kochen Sie die Soße in einem Topf für 5 Minuten kräftig auf.

9 Schmecken Sie die Soße mit Salz und Pfeffer ab und servieren Sie sie zum Fleisch.

Tipp: Die übrig gebliebene Fleischsoße kann als Grundlage für eine Suppe aufbewahrt werden.

ALITER CONCICLA |

BOHNENTOPF IM HUHN

8 Port. 1 ½ Std. Leicht

Zutaten

1 großes Huhn
400 g Fleisch oder Wurst nach Wahl
200 g Erbsen, gekocht
2 EL Marsala (Wein)
1 EL Liebstöckel
1 TL Oregano
1 TL Salz
5 schwarze Pfefferkörner

Nährwerte p. P.

669 kcal
19 g Kohlenhydrate
53 g Fett
43 g Eiweiß

1 Heizen Sie den Backofen auf 200 Grad Ober-/Unterhitze vor.

2 Waschen Sie das Huhn.

3 Zerkleinern Sie das Fleisch oder die Wurst grob.

4 Zerstampfen Sie die Erbsen mit einer Gabel zu Püree.

5 Zerkleinern Sie Liebstöckel, Oregano, Salz und Pfefferkörner im Mörser.

6 Vermengen Sie die Mischung mit dem Wein und den Erbsen.

7 Befüllen Sie das Huhn mit Erbsenpüree und Fleischstücken.

8 Backen Sie es in einem gewässerten Römertopf für mindestens 20 Minuten im vorgeheizten Backofen.

Tipp: Alternativ wurde dieses Rezept auch mit Spanferkeln zubereitet. Dabei muss jedoch die Garzeit angepasst werden.

SCHWEINEFLEISCH IN HELLER SOSSE

2 Port.

10 Min.

Leicht

Zutaten

2 Schweineschnitzel
Salz, Pfeffer
Koriander, gemahlen
2 EL Öl

Für die Soße:
25 g Pinienkerne
25 g Mandeln
1 TL Kreuzkümmel
1 TL Thymian
1 TL Liquamen (römische Fischsoße)
1 TL Apfelessig
1 TL Honig

Nährwerte p. P.

340 kcal
9 g Kohlenhydrate
23 g Fett
15 g Eiweiß

1 Vermengen Sie alle Zutaten für die Soße in einem Mörser und zerkleinern Sie sie zu einer festen Paste.

2 Würzen Sie die Schweineschnitzel nach Belieben mit Salz, Pfeffer und Koriander.

3 Erhitzen Sie das Öl in einer Pfanne und braten Sie die Schweineschnitzel darin von beiden Seiten für jeweils 2 Minuten an.

4 Geben Sie jetzt die Soße in die Pfanne zu den Schnitzeln und erhitzen Sie sie kurz.

5 Servieren Sie die Schnitzel in der Soße.

Tipp: Alternativ können statt Schweineschnitzel Kalbsschnitzel verwendet werden.

ZUCCHINI PRAEPARATIO |

ZUCCHINI (VEGETARISCH)

4 Port. 40 Min. Leicht

Zutaten

1 Zwiebel
1 Zehe Knoblauch
500 g Tomaten
5 EL Olivenöl
50 g Speck, gewürfelt
1 EL Oregano, fein gewürfelt
2 EL Petersilie, fein gewürfelt
1 EL Schnittlauch, fein gewürfelt
1 Prise Salz
60 g Sahne
4 bis 6 Zucchini

Nährwerte p. P.

255 kcal
9 g Kohlenhydrate
17 g Fett
13 g Eiweiß

1 Schälen Sie die Zwiebel und die Knoblauchzehe. Würfeln Sie sie fein.

2 Häuten Sie die Tomaten und zerkleinern Sie sie grob.

3 Erhitzen Sie das Öl in einer Pfanne.

4 Braten Sie den Speck darin für 3 Minuten bei mittlerer Wärmezufuhr an.

5 Geben Sie Zwiebel- und Knoblauchwürfel hinzu und dünsten Sie alles weitere 2 Minuten an.

6 Geben Sie Tomaten, Oregano, Petersilie, Schnittlauch, Salz und Sahne hinzu und köcheln Sie alles langsam auf.

7 Lassen Sie die Soße 5 Minuten bei geringer Wärmezufuhr köcheln.

8 Heizen Sie den Backofen auf 225 Grad Ober-/Unterhitze vor.

9 Waschen Sie die Zucchini und halbieren Sie sie längs.

10 Legen Sie sie in eine Auflaufform und verteilen Sie die Tomatensoße darum.

11 Backen Sie die Zucchini für 20 Minuten im Backofen.

RICE CROQUETTES |

REISKROKETTEN (VEGETARISCH)

15 Kugeln

40 Min.

Mittel

Zutaten

3 EL Butter
1 Zwiebel, fein gehackt
1 ½ Liter Hühnerbrühe
400 g Reis
75 g Parmesan
2 Eier, verquirlt
8 Blätter Basilikum, halbiert
150 g Mozzarella
150 g Paniermehl

Außerdem:
Öl
Salz, Pfeffer

Nährwerte p. P.

798 kcal
73 g Kohlenhydrate
40 g Fett
33 g Eiweiß

1 Erhitzen Sie die Butter in einem Topf. Dünsten Sie die Zwiebel darin für 3 bis 4 Minuten glasig an.

2 Rühren Sie den Reis unter und braten Sie ihn kurz mit an. Erhitzen Sie währenddessen die Brühe in einem separaten Topf.

3 Geben Sie nach und nach die heiße Brühe unter den Reis und rühren Sie ihn dabei stets um.

4 Erhitzen Sie die Mischung für 20 Minuten bei geringer Wärmezufuhr.

5 Nehmen Sie ihn nach dieser Garzeit vom Herd und rühren Sie Parmesan und Eier unter. Schmecken Sie den Reis mit Salz und Pfeffer ab.

6 Breiten Sie die Mischung zum Abkühlen auf einem mit Backpapier belegten Backblech aus.

7 Teilen Sie ihn jetzt in etwa 15 gleich große Stücke. Schneiden Sie den Mozzarella in 15 Stücke. Umhüllen Sie diese mit einem Basilikumblatt.

8 Umhüllen Sie dieses jetzt mit einer der Reisportionen. Formen Sie daraus eine Kugel.

9 Erhitzen Sie ausreichend Öl in einem großen Topf. Frittieren Sie die Kugeln darin für etwa 3 Minuten. Lassen Sie sie auf Küchenpapier abtropfen.

CARD CASSEROLE CUM SALMO |

MANGOLDAUFLAUF MIT LACHS

4 Port.

1 Std.

Leicht

Zutaten

1 kg Mangold
1 Zwiebel
2 Zehen Knoblauch
1 kleines Stück Ingwer
2 EL Olivenöl
400 ml Hühnerbrühe
100 ml Rotwein
2 Tomaten, geviertelt
400 g Lachsfilet
200 ml Sahne
150 g Käse, gerieben

Nach Belieben:
Salz und Pfeffer

Nährwerte p. P.

537 kcal
43 g Kohlenhydrate
33 g Fett
39 g Eiweiß

1 Waschen Sie den Mangold, tupfen Sie ihn trocken und schneiden Sie den Stiel heraus.

2 Schneiden Sie die Blätter im Anschluss in dünne Streifen. Die festeren Stiele sollten in kleine Würfel geschnitten werden.

3 Schälen Sie Zwiebel, Knoblauch und Ingwer und schneiden Sie alles in feine Würfel.

4 Heizen Sie den Backofen auf 200 Grad Ober-/Unterhitze vor.

5 Erhitzen Sie das Öl in einem Topf.

6 Dünsten Sie Mangold, Zwiebeln, Knoblauch und Ingwer darin für 5 Minuten kräftig an.

7 Löschen Sie die Mischung mit der Hühnerbrühe und Wein ab.

8 Lassen Sie alles für 10 Minuten bei mittlerer Wärmezufuhr köcheln.

9 Geben Sie die Mischung in eine große Auflaufform.

10 Schneiden Sie den Lachs in beliebig große Stücke und geben Sie ihn gemeinsam mit den Tomaten ebenfalls in die Auflaufform.

11 Verteilen Sie die Sahne und den geriebenen Käse über dem Auflauf und backen Sie ihn für 30 Minuten im Backofen.

Pistoria et Dulcia

Gebäck & Süßspeisen

CIAMBELLINE |

WEINKRAPFEN

Ca. 30 Krapfen

50 Min.

Leicht

Zutaten

500 g Mehl
150 ml Weißwein
100 ml Sonnenblumenöl
150 g Zucker
1 EL Anislikör
8 g Hefe

Außerdem:
Zucker zum Wenden

Nährwerte p. P.

266 kcal
35 g Kohlenhydrate
3 g Fett
1 g Eiweiß

1 Vermengen Sie alle Zutaten für den Teig miteinander und kneten Sie ihn mindestens 2 Minuten lang mit den Händen.

2 Heizen Sie den Backofen auf 170 Grad Umluft vor.

3 Formen Sie daraus 1 cm dicke und 10 cm lange Teigschnüre. Schließen Sie die Schnüre und formen Sie daraus einen Ring.

4 Drücken Sie die Krapfen in den Zucker, damit eine Seite vollständig mit Zucker bedeckt ist.

5 Legen Sie die Krapfen auf ein mit Backpapier ausgelegtes Backblech und backen Sie sie für 20 Minuten im Backofen.

6 Lassen Sie das Gebäck vollständig auf einem Kuchengitter abkühlen.

LIBUM |

RÖMISCHER OPFERKUCHEN

6 kleine Kuchen

55 Min.

Leicht

Zutaten

300 g Weizenmehl
400 g Schafskäse
1 Ei
20 Lorbeerblätter

Nährwerte p. P.

295 kcal
26 g Kohlenhydrate
14 g Fett
15 g Eiweiß

1 Kneten Sie aus Mehl, Schafskäse und dem Ei einen Teig. Die Masse wird dabei fest, ist jedoch sehr feucht.

2 Heizen Sie den Backofen auf 180 Grad Ober-/Unterhitze vor.

3 Verteilen Sie die Lorbeerblätter auf einem mit Backpapier belegten Backblech.

4 Formen Sie aus dem Teig 6 kleine, runde Kuchen und geben Sie diese auf die Lorbeerblätter.

5 Backen Sie die Küchlein für 25 Minuten im Backofen.

MARITOZZO |

MILCHBRÖTCHEN

Ca. 12 Brötchen | 4 Std. | Leicht

Zutaten

Für den Teig:
100 g Licoli (flüssiger Sauerteig)
1 TL Honig
260 ml Milch
500 g Mehl W280 oder W350
1 Ei
2 Eigelbe
100 g Zucker
1 TL Salz
100 g Butter, Zimmertemperatur
Abrieb einer Zitrone

Außerdem:
90 g Zucker
50 ml Wasser
200 ml Sahne

Nährwerte p. P.

320 kcal
45 g Kohlenhydrate
20 g Fett
15 g Eiweiß

1 Vermengen Sie den Sauerteig mit Honig und Milch. Lassen Sie die Mischung 30 Minuten bei Zimmertemperatur ruhen.

2 Rühren Sie anschließend die übrigen Zutaten mit einem Mixer unter. Nutzen Sie dafür die Knethaken.

3 Lassen Sie den Teig jetzt etwa 3 Stunden bei Zimmertemperatur zugedeckt ruhen.

4 Formen Sie jetzt 12 gleich große Brötchen aus dem Teig. Lassen Sie sie auf einem Backblech 10 Minuten ruhen.

5 Heizen Sie in der Zwischenzeit den Backofen auf 190 Grad Ober-/Unterhitze vor.

6 Backen Sie die Brötchen für 10 bis 20 Minuten goldbraun.

7 Vermengen Sie in der Zwischenzeit Zucker und Wasser in einem kleinen Topf. Erhitzen Sie das Wasser, bis sich der Zucker vollständig gelöst hat.

8 Bepinseln Sie die Maritozzi sofort mit dem entstandenen Sirup, nachdem Sie sie aus dem Backofen genommen haben.

9 Schlagen Sie die Sahne steif.

10 Schneiden Sie sie mit einem scharfen Messer auf und füllen Sie sie mit der Sahne.

GUSTUM DE PRAECOQUIS |

SÜẞE APRIKOSEN

4 Port.

15 Min.

Leicht

Zutaten

1 kg Aprikosen
200 ml Weißwein
2 EL Marsala (Wein)
2 EL Honig
2 EL Minze, im Mörser zerkleinert
1 TL Kräuteressig
1 TL Walnussöl
1 TL Maispulver
1 Prise Pfeffer
1 Prise Salz

Nährwerte p. P.

97 kcal
25 g Kohlenhydrate
0 g Fett
1 g Eiweiß

1 Waschen, halbieren und entkernen Sie die Aprikosen.

2 Kochen Sie Aprikosen, Weißwein, Marsala, Honig, Minze, Kräuteressig und Walnussöl in einem kleinen Topf auf und lassen Sie die Mischung für 10 Minuten bei geringer Wärmezufuhr köcheln.

3 Binden Sie das Obst jetzt mit dem Maispulver.

4 Schmecken Sie die Vorspeise nach Belieben mit Salz und Pfeffer ab.

Tipp: Servieren Sie das Obst warm.

SÜßE DATTELN

 1 Port.  10 Min.  Leicht

Zutaten

200 g Datteln
½ TL Salz
30 g Pinienkerne
50 g Nüsse nach Wahl
1 EL Honig

Nährwerte p. P.

340 kcal
9 g Kohlenhydrate
23 g Fett
15 g Eiweiß

1 Entkernen Sie die Datteln. Bestreuen Sie sie mit dem Salz.

2 Zerkleinern Sie Pinienkerne und Nüsse in dem Mörser.

3 Erhitzen Sie den Honig langsam in einer kleinen Pfanne.

4 Wenden Sie die Datteln kurz in dem heißen Honig.

5 Vermengen Sie sie jetzt mit den zerkleinerten Nüssen und Pinienkernen.

EGET |

PRALINEN

Ca. 10 Kugeln

10 Min.

Leicht

Zutaten

200 g Trockenfrüchte nach Wahl (z. B. Datteln, Aprikosen, Feigen)
2 EL Honig
1 TL Zimt
1 Msp Nelken, getrocknet
1 Msp Kardamom
1 Msp Pfeffer
200 g Nüsse nach Wahl, gerieben
1 EL Rosenwasser

Zum Wenden:
Sesam, Pistazien (gerieben), Mohn, Kürbiskerne (gehackt)

Nährwerte p. P.

206 kcal
29 g Kohlenhydrate
3 g Fett
5 g Eiweiß

1 Geben Sie alle Zutaten für die Pralinen in einen Mörser und zerkleinern Sie die Mischung, bis eine feste Masse mit Bindung entsteht.

2 Formen Sie daraus etwa 10 Pralinen.

3 Geben Sie die Zutaten zum Wenden auf jeweils einen tiefen Teller und wenden Sie die Kugeln darin nach Belieben. Drücken Sie die Saaten fest.

4 Lassen Sie die Pralinen vor dem Verzehr mindestens 1 Stunde im Kühlschrank ziehen.

Tipp: Dieses Rezept lässt sich nach Belieben variieren. Verwenden Sie beispielsweise andere Gewürze oder Saaten, die nach Ihrem Geschmack sind.

MELCAS |

SÜẞER KÄSE

2 Port.

10 Min.

Leicht

Zutaten

2 Korianderblätter
200 g Fetakäse
2 TL Honig
2 TL Garum
½ TL Pfeffer

Nährwerte p. P.

249 kcal
2 g Kohlenhydrate
18 g Fett
16 g Eiweiß

1 Zerkleinern Sie die Korianderblätter im Mörser.

2 Zerbröseln Sie den Fetakäse in eine Schüssel und heben Sie die Korianderblätter unter.

3 Erhitzen Sie den Honig in einem Topf. Geben Sie ihn über den Käse.

4 Rühren Sie jetzt Garum und Pfeffer unter.

5 Servieren Sie den Fetakäse sofort.

PIRUM CUM VINO |

BIRNE IN WEIN UND ZIMT

3 Port.

15 Min.

Leicht

Zutaten

4 Birnen
100 ml Wasser
1 Prise Zimt
1 Prise Kreuzkümmel
1 TL Honig
5 EL Honig
100 ml Weißwein
1 EL Olivenöl
4 Eigelbe
1 Prise Muskatnuss

Nährwerte p. P.

235 kcal
29 g Kohlenhydrate
9 g Fett
5 g Eiweiß

1 Schälen und entkernen Sie die Birnen. Schneiden Sie sie in dünne Streifen.

2 Geben Sie die Birnen mit Wasser, Zimt, Kreuzkümmel und 1 TL Honig in einen kleinen Topf.

3 Bringen Sie die Birne darin bei geringer Wärmezufuhr zum Köcheln und lassen Sie sie etwa 5 bis 8 Minuten schmoren.

4 Rühren Sie 5 EL Honig, Weißwein, Olivenöl und das Eigelb unter.

5 Erhitzen Sie alles kurz unter ständigem Rühren. Nehmen Sie den Topf vom Herd, sobald durch das Ei eine Bindung entsteht.

6 Schmecken Sie die Mischung mit Muskatnuss ab.

Tipp: Die Garzeit der Birne hängt von der Sorte und der gewünschten Festigkeit ab.

Potus

Getränke

POSCA |

ALKOHOLFREIE SCHORLE

1 l

5 Min.

Leicht

Zutaten

1 Liter Wasser
375 ml Weinessig
125 ml Honig
1 EL Koriandersamen, gemahlen

Nährwerte p. P.

123 kcal
30 g Kohlenhydrate
0 g Fett
0 g Eiweiß

1 Geben Sie alle Zutaten in einen großen Topf.

2 Erhitzen Sie die Flüssigkeit langsam.

3 Kochen Sie die Schorle 2 Minuten auf.

4 Passieren Sie sie durch ein feines Sieb und lassen Sie die Schorle abkühlen.

MULSUM |

SÜẞER WEIN

1 l

5 Min.

Leicht

Zutaten

1 Liter Weißwein
100 bis 150 g Honig
2 Lorbeerblätter
1 Prise Pfeffer

Nährwerte p. P.

154 kcal
38 g Kohlenhydrate
0 g Fett
0 g Eiweiß

1 Vermengen Sie alle Zutaten in einem großen Topf.

2 Erhitzen Sie den Wein für 2 Minuten und rühren Sie ihn dabei ständig um.

3 Lassen Sie ihn anschließend abkühlen und füllen Sie ihn um.

4 Der Wein sollte nun für mindestens 1 bis 2 Tage im Kühlschrank ruhen.

KYKEON |

RÖMISCHER MISCHTRANK

1 l 5 Min. Leicht

Zutaten

1 ½ Liter Wasser
60 g Perlgraupen
125 ml Weißwein
2 TL Honig

Nährwerte p. P.

90 kcal
19 g Kohlenhydrate
0 g Fett
0 g Eiweiß

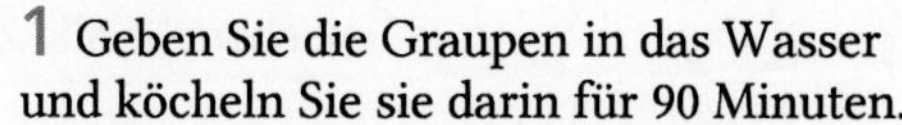

1 Geben Sie die Graupen in das Wasser und köcheln Sie sie darin für 90 Minuten.

2 Sieben Sie das Wasser durch ein feines Sieb. Die Perlgraupen können entsorgt werden.

3 Füllen Sie es wieder auf 1 ½ Liter Wasser auf und rühren Sie Weißwein und Honig unter.

4 Lassen Sie den Wein abkühlen und füllen Sie ihn in eine Karaffe um. Er kann sofort serviert werden.

PASSUM |

RÖMISCHER GEWÜRZWEIN

1 l

20 Min.

Leicht

Zutaten

1 Liter Wein
150 g Trauben
2 EL Honig

Nährwerte p. P.

86 kcal
28 g Kohlenhydrate
0 g Fett
0 g Eiweiß

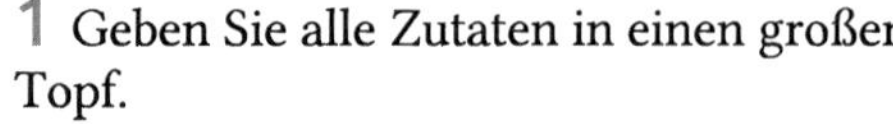

1 Geben Sie alle Zutaten in einen großen Topf.

2 Erhitzen Sie die Flüssigkeit langsam.

3 Kochen Sie den Wein so lange, bis er zur Hälfte reduziert ist.

4 Sieben Sie ihn durch ein feines Sieb und lassen Sie ihn abkühlen.

Tipp: Der Wein sollte eine dickflüssige Konsistenz haben.

Condimentis

Soßen

LIQUAMEN |

RÖMISCHE FISCHSOẞE

400 ml | 2 Mon. Ruhezeit | Leicht

Zutaten

300 g Salz
500 g Sardellen
500 g Fischinnereien

Nährwerte p. P.

17 kcal
4 g Kohlenhydrate
2 g Fett
0 g Eiweiß

1 Waschen Sie Sardellen und Fischinnereien gründlich ab.

2 Geben Sie sie gemeinsam mit dem Salz in ein großes Gefäß.

3 Vermengen Sie alles gut miteinander und lassen Sie die Soße mindestens 4 Tage offen (bei Zimmertemperatur) ziehen.

4 Stellen Sie das Gefäß jetzt für mindestens 2 Wochen in die Sonne (offen). Rühren Sie sie mehrmals am Tag um.

5 Während dieser Zeit wird sich die entstandene Flüssigkeit verändern.

6 Sieben Sie die Soße nach den 2 Wochen durch ein feines Sieb und lassen Sie sie für weitere 2 Monate in einem fest versiegelten Gefäß ruhen.

Tipp: Diese Soße wurde im Römischen Reich vielseitig eingesetzt und durfte in keinem Haushalt fehlen.

GUSTATO PRO CARO |

FLEISCHSOßE

150 ml

5 Min.

Leicht

Zutaten

1 Prise Pfeffer
1 Prise Selleriesamen
1 Prise Kümmelsamen
1 Prise getrocknete Minze
1 Eigelb
1 EL Honig
1 EL Balsamico-Essig
1 EL Olivenöl
1 EL Liquamen
1 Lorbeerblatt
1 EL Maismehl

Nährwerte p. P.

48 kcal
3 g Kohlenhydrate
2 g Fett
1 g Eiweiß

1 Vermengen Sie alle angegebenen Zutaten in einem kleinen Topf.

2 Erhitzen Sie die Mischung für 5 Minuten bei geringer Wärmezufuhr.

3 Servieren Sie die Soße sofort oder erkaltet.

Tipp: Diese Soße passt zu allen römischen Fleischgerichten und ist im Kühlschrank mindestens 3 Tage haltbar.

UVA LIQUAMINE |

TRAUBENSOẞE

150 ml

10 Min.

Leicht

Zutaten

100 ml weißer Traubensaft
3 EL Honig
10 helle Trauben, geviertelt
10 dunkle Trauben, geviertelt
10 g Maispulver
4 EL Zitronensaft
Abrieb einer halben Zitronenschale

Nährwerte p. P.

72 kcal
16 g Kohlenhydrate
1 g Fett
1 g Eiweiß

1 Vermengen Sie alle Zutaten in einem kleinen Topf.

2 Erhitzen Sie die Mischung langsam und rühren Sie sie dabei ständig um.

3 Köcheln Sie sie kurz auf, damit durch die Stärke eine Bindung entsteht.

4 Füllen Sie sie um und lassen Sie sie abkühlen. Alternativ kann die Soße auch warm serviert werden.

Convivium

Bonus: Ein Bankett planen

In der römischen Aristokratie war das sogenannte Convivium ein regelmäßiges Ereignis unter wohlhabenden Römern. Bei einem solchen Bankett hatte der Gastgeber die Möglichkeit, mit seinem Anwesen und seiner Küche zu prahlen. Es wurden zahlreiche Gäste geladen, das beste Geschirr poliert und die köstlichsten Speisen serviert.

Bereits im Mittelalter kannten die Menschen ein solches Convivium. Es war geprägt von Lebensfreude und netter Gesellschaft. In der römischen Zeit hingegen entwickelten sich diese Zusammenkünfte zu Ausschweifungen, bei denen Speisen ganz bewusst verschwendet wurden. Bei dem Miteinander ging es also nicht nur um die reine Nahrungsaufnahme und das Zusammensein, sondern um einen Anlass, bei dem der Hausherr seinen Besitz zeigen konnte. Gereicht wurden dabei zahlreiche Gänge und gegessen wurde über mehrere Stunden.

Um sich die Bewunderung der Gäste zu sichern, wurden nicht nur vielseitige und ausgefallene Lebensmittel serviert. Es wurde beispielsweise auch viel darüber gesprochen, wie viele Bedienstete dem Gastgeber zur Verfügung stehen. Denn eine gute Küche mit zahlreichen Dienern stand im Römischen Reich für Wohlstand.

Der Ablauf eines Banketts war strikt geregelt. Die Einladungen wurden bereits einige Wochen im Voraus versendet. Eine formelle Bestätigung der Gäste, ob sie zum Convivium kommen würden, war die Regel. Den Empfang der Gäste regelte der Hausherr selbst. Das Essen selbst wurde nicht an einem klassischen Tisch, wie wir ihn heute kennen, zu sich genommen. Die Männer durften während des Conviviums auf einem sogenannten Triclinium liegen. Dabei war die Haltung gleichsam vorgegeben. Der linke Arm war zum Aufstützen gedacht und mit der rechten Hand wurde gegessen. Das geht aus zahlreichen antiken Gemälden hervor. Frauen hingegen nahmen das Essen sitzend zu sich. Während die betuchten Römer die Speisen verzehrten, wurden sie von zahlreichen Dienern umgeben und von Musikern unterhalten.

EIN ERFOLGREICHES BANKETT: DAS MÜSSEN SIE WISSEN

Falls Sie Ihre Familie oder Freunde also zu einem antiken, römischen Bankett einladen möchten, gilt es, einiges zu beachten. Alles Wichtige im Überblick:

Tipp 1: Beisammensein: Bei einem Bankett bzw. Convivium geht es nicht darum, einen Gang nach dem anderen zügig und perfekt zu servieren. Vielmehr hatte eine solche Zusammenkunft im alten Rom den Zweck, die Menschen für eine lange Zeit zusammenzubringen und sie zu unterhalten. Das Essen war dabei zwar keine Nebensache, wurde jedoch über einen langen Zeitraum verspeist. Diese Art zu essen, nennt man heute Slow Food. Es soll uns die Möglichkeit bieten, dem stressigen Alltag, der oft von schnellen Mahlzeiten geprägt ist, zu entfliehen.

Legen Sie den Fokus bei Ihrem Bankett also nicht auf die Hauptspeise oder das Essen im Allgemeinen. Sorgen Sie für eine schöne Atmosphäre und gute Unterhaltung. Aus diesem Grund sollten Sie auch genügend Zeit für Ihren Abend einplanen.

Tipp 2: Das Ambiente: Wenn Sie Ihre Gäste in das Römische Reich einladen möchten, haben Sie viele Möglichkeiten, das zu tun. Dabei können kleine Details eine große Wirkung haben. Schreiben Sie die Einladung beispielsweise nicht über WhatsApp, sondern machen Sie sich auf die Suche nach Pergamentpapier. Das erhalten Sie in verschiedenen Onlineshops oder Sie drucken sich eine Vorlage aus dem Internet aus. Zum perfekten Ambiente gehört außerdem richtige Kleidung. Bitten Sie Ihre Gäste beispielsweise, in einem römischen Tuch bekleidet zu kommen oder halten Sie diese für sie bereit. Des Weiteren sollte jeder Gast eine Baumwoll-Serviette erhalten. Diese waren im Römischen Reich mindestens 40 x 40 cm groß und wurden stets in der linken Hand gehalten.

Tipp 3: Bedienstete: Aus dem Römischen Reich ist bekannt, dass wohlhabende Menschen, die ein Bankett abhielten, stets von zahlreichen Dienern umgeben waren. Einen solchen werden Sie heute nicht mehr einstellen können. Doch vielleicht hat einer Ihrer Freunde oder ein Familienmitglied an Ihrem römischen Abend Lust, eine solche Rolle zu übernehmen?

Tipp 4: Kränze und Blumen: Für ein Convivium wurde stets das beste Geschirr genutzt und auf Hochglanz poliert. Doch auch mit Blumen und Kränzen wollte man seine Gäste von sich und seinem Heim überzeugen. Meist war der Boden mit Rosenblättern bedeckt und auf den Tischen konnte man prachtvolle Gestecke bestaunen. Im Römischen Reich hatte man Zugang zu Kornblumen, Narzissen, Mohnblumen und Krokussen. Gladiolen und Levkojen wurden ebenfalls gerne verwendet. Kränze und Gestecke wurden häufig mit duftenden Ölen bespritzt. Das sollte unter anderem ihre Haltbarkeit verlängern.

Tipp 5: Der Wein: Neben einem prachtvoll geschmückten Tisch und dem Essen war der Wein für die Wohlhabenden im Römischen Reich das wahrscheinlich wichtigste Element einer Zusammenkunft. Aus antiken Schriften ist bekannt, dass sich die Gäste nach dem Essen ganz bewusst betranken und die Zusammenkunft oft in einer regelrechten Eskapade endete. Das muss man als heutiger Gastgeber natürlich nicht einplanen. Dennoch sollten Sie Ihren Gästen nicht nur einen Wein anbieten, sondern gleich mehrere zur Verfügung stellen. Somit kann jeder Gast selbst entscheiden, welchen Wein er gerade zu seinem Essen genießen möchte.

Sie sehen, es gibt neben dem Essen noch weitere wichtige Merkmale, die einen römischen Abend erst zu einem solchen machen. Mit der im Vorfeld verzeichneten Einkaufsliste und den zahlreichen Rezepten sollte Ihrem Ausflug in das Römische Reich nichts mehr im Wege stehen.